Disney

Docteur La Peluche

Un gros câlin pour la Saint-Valentin

W0402034

ha
JEUNESSE

Aujourd'hui c'est la Saint-Valentin ! Câline adore ce jour ! Elle a préparé une petite fête pour Doc et tous ses amis.

Doc a elle aussi une surprise pour ses amis.

– Regardez tous, je vous présente Val, déclare Doc. On m'a offert cette poupée pour la Saint-Valentin.

– J'adore la Saint-Valentin, dit Val en faisant un câlin à Doc.

– Moi aussi, c'est mon jour préféré, dit Câline, un peu jalouse.

C'est alors que Toufy arrive avec son appareil photo.
– C'est l'heure de la photo-souvenir ! s'écrie-t-il.

Et **CLIC** !

Câline aurait préféré qu'il n'y ait que Doc et elle sur cette photo…

– Et si nous allions au stand à câlins ? propose-t-elle à Doc.

Mais Val est déjà sur le stand en train de câliner Toufy.

– Allons jouer à « l'Accroche-cœur » ! dit alors Câline.

Doc bande les yeux de Toufy et lui donne un cœur en papier. Toufy avance au hasard et accroche le cœur… sur Val !

Après ce jeu, Doc propose de fabriquer de jolies cartes pour la Saint-Valentin.

Encore une fois, Val a toute l'attention car sa carte est vraiment réussie ! Câline, elle, est très triste !

Doc voit bien que Câline n'est pas dans son assiette et part l'examiner.

– Mais… c'est une larme que je vois ? s'inquiète Doc. Tu as mal quelque part ?

– Juste à mon petit cœur, répond Câline. Car je vois bien que tu préfères t'amuser avec Val.

Câline a un gros chagrin.

– Avant, j'étais ta câlineuse préférée ! ajoute-t-elle.

– Hum, je vois... dit Doc en saisissant le Grand Livre des Bobos. Tu souffres d'une cœur-brisétite.

– Alors, je suis vraiment malade ? s'inquiète Câline.

– Ton cœur va très bien. Comme tu as de la peine, tu as l'impression d'avoir le cœur brisé, explique Doc. Doc fait un gros câlin à Câline et le petit cœur de la peluche est enfin guéri !

Câline a retrouvé le sourire et peut fêter joyeusement la Saint-Valentin avec tous ses amis !

Dans la même collection !

D'après la série TV de Disney Junior.

Édité par Hachette Livre – 43 quai de Grenelle, 75905 Paris Cedex 15
Imprimé par Orymu en Espagne – Achevé d'imprimer : janvier 2015
ISBN : 978-2-01-400910-1 – Édition : 01 – Dépôt légal : janvier 2015
Loi n°49-956 du 16 juillet 1949 sur les publications destinées à la jeunesse.
Pour tout renseignement concernant nos parutions, nous contacter par téléphone au 01 43 92 38 88 ou par e-mail : disney@hachette-livre.fr

Pour l'éditeur, le principe est d'utiliser des papiers composés de fibres naturelles, renouvelables, recyclables et fabriquées à partir de bois issus de forêts qui adoptent un système d'aménagement durable. En outre, l'éditeur attend de ses fournisseurs de papier qu'ils s'inscrivent dans une démarche de certification environnementale reconnue.